L⁹K
1000

P. CULTRU

LEÇON D'OUVERTURE

DU COURS

D'HISTOIRE COLONIALE

FONDÉ

PAR LES GOUVERNEMENTS GÉNÉRAUX

DE L'INDO-CHINE ET DE MADAGASCAR

23 janvier 1906

BESANÇON

TYPOGRAPHIE ET LITHOGRAPHIE JACQUIN

—

1906

P. CULTRU

LEÇON D'OUVERTURE

DU COURS

D'HISTOIRE COLONIALE

FONDÉ

PAR LES GOUVERNEMENTS GÉNÉRAUX

DE L'INDO-CHINE ET DE MADAGASCAR

23 janvier 1906

BESANÇON

TYPOGRAPHIE ET LITHOGRAPHIE JACQUIN

1906

LEÇON D'OUVERTURE

DU

COURS D'HISTOIRE COLONIALE

FONDÉ PAR LES GOUVERNEMENTS GÉNÉRAUX

DE L'INDO-CHINE ET DE MADAGASCAR

21 janvier 1906

————>•<————

Messieurs,

Je dois à d'éminents suffrages le périlleux honneur d'inaugurer le cours d'histoire coloniale fondé dans cette Université par les gouvernements généraux d'Indo-Chine et de Madagascar. Je ne puis le faire sous des auspices meilleurs qu'en présentant à ceux qui furent jadis et qui resteront mes maîtres le témoignage de ma gratitude. Dans la tâche difficile à laquelle leur confiance m'appelle, j'espère être soutenu par leur indulgence et aussi, Messieurs, par la vôtre.

Il vous paraîtra sans nul doute opportun qu'en cette première leçon j'essaie de définir ce nouvel enseignement, d'en exposer la méthode, d'en faire sentir l'intérêt et de montrer qu'il doit servir et la science et le pays. Ayant développé ces principes, je dirai quel sujet je veux traiter devant vous cette année, me bornant à l'introduire et à en éclairer les origines.

L'histoire de nos vieilles colonies n'a provoqué, dans un siècle où nous en avions conservé si peu, qu'une médiocre attention et qu'un très petit nombre de travaux. Pourtant, depuis trente ans, géographes et historiens s'en sont occupés simultanément, les premiers l'annexant à leurs descriptions, les seconds à l'histoire générale des grandes puissances ou à celle du commerce. Aussi certaines questions ont-elles été traitées dans le livre ou ici même, avec quelle ample information, avec quelle ferme éloquence! vous le savez, Messieurs, vous à qui sont familières ces voix savantes, dont l'une vient à peine de s'éteindre. Mais quelle que fût son importance dans les temps modernes, la colonisation ne pouvait prétendre longtemps retenir l'attention de professeurs que le titre même de leur chaire oblige à parcourir un champ presque indéfini. La France, l'Angleterre, la Russie, les puissances allemandes, la réclament tour à tour. Ils ne se croient pas le droit de se restreindre à une époque ou à une classe de faits, bien que dans un seul siècle et dans un seul pays, il y ait de quoi occuper une vie d'homme. Un Siméon Luce a pu se donner tout entier à la France du XIVe siècle, et ses œuvres, solides et précieuses, décèlent la richesse de la mine où il a travaillé, mais ne l'ont pas épuisée. Il a montré qu'on peut renouveler l'histoire traditionnelle en interrogeant ces témoins négligés de la vie des hommes, contrats d'achat ou de vente, testaments, quittances, inventaires de succession ou de commerce qui révèlent l'évolution des mœurs, mettent en vue le peuple, non plus seulement les conquérants et les rois. Mais le moyen âge n'a pas seul le privilège de susciter des chercheurs et de les passionner: la même ingénieuse patience s'applique avec une méthode rigoureuse aux faits et aux hommes de notre Révolution.

Pourquoi n'en serait-il pas de même de l'histoire coloniale? La spécialiser, c'est lui offrir les mêmes certitudes de croissance qu'aux autres branches de la science. Ce sera l'honneur des promoteurs, des fondateurs de cette chaire nouvelle de l'avoir voulu.

Hommes d'État ou professeurs, tous en leurs activités diverses, attachés à l'œuvre coloniale, ils ont compris que cette riche floraison de conquêtes par laquelle se réparent, grâce à la France républicaine, les fautes de l'ancien régime, méritait qu'on la fit connaître, que si ce nouvel empire était digne de mémoire, l'ancien, que nous avons perdu ne devait pas s'ensevelir dans l'oubli, que le passé nous devait des enseignements, des exemples peut-être, et que la cause nationale n'aurait qu'à gagner si l'on appliquait à ces questions les habitudes de critique dont semblent avoir été dépourvus la plupart des auteurs qui s'en sont occupés. Qu'il me soit permis de les en remercier, et de souhaiter qu'autour de cette chaire se groupent, dans une attention commune, et l'étudiant qu'attireront des recherches nouvelles, et l'auditeur fidèle à qui j'aurai la tâche d'en faire connaître les progrès.

Je vais essayer de vous faire mesurer, Messieurs, le domaine que nous sommes appelés à parcourir d'un pas nécessairement lent. Je ne dis pas que, pareils à ces anciens navigateurs portugais qui, cherchant la route mystérieuse des Indes, mirent trente ans à découvrir le Cap Vert et ses palmes, nous nous attarderons aux débuts des temps modernes ; non, j'ai hâte d'arriver à l'âge contemporain. Mais nous foulerons un sol en bien des points inculte encore, et c'est le temps qui nous apportera à son heure la moisson splendide de la science.

Je voudrais, en premier lieu, distinguer l'histoire coloniale de la géographie et de l'économie politique, car elle emprunte à la première et prête à la seconde, sans se confondre avec aucune des deux. La colonisation moderne a pour théâtre ordinaire des contrées qui furent longtemps inconnues aux Européens ; parfois, à peine sont-elles explorées de nos jours. Aussi les géographes qui assument la tâche de nous les faire connaître, tout naturellement, ajoutent à l'histoire de la découverte celle du peuplement et de la mise en valeur, et, comme l'accessoire du reste, l'œuvre de l'homme dans la nature. Au fond, ces notions tiennent de l'histoire ou de l'économie politique, et les géographes les empruntent comme ils en empruntent d'autres à la géologie, à la météorologie, à l'histoire naturelle. Je sais que de ces faits, d'origines diverses, ils construisent une science originale. Le géographe, industrieux observateur, ne décrit l'état actuel du monde, ne collige infatigablement les phénomènes, que pour saisir leurs rapports nécessaires et déterminer des lois. On peut comparer son ouvrage à ces belles mosaïques pompéiennes où l'art a mis sa grâce et fait oublier la matière. Mais à vrai dire, dès que l'homme apparaît sur une terre, l'histoire y naît avec lui : qu'il modifie par son travail la face du sol, qu'il corrige la nature ou s'y soumette, qu'il fasse de l'agriculture ou de la politique, quiconque le raconte est un historien.

Au géographe pourtant nous emprunterons une part de sa science ;

c'est à lui que nous demanderons de nous guider dans ces nouveaux mondes, où le premier colon aborde plein d'un émoi tragique; à lui encore de nous peindre la grande forêt américaine, où se perdent les premiers coureurs des bois, les cataractes tonnantes, les lacs énormes, méditerranée canadienne, où parfois apparaissent, comme une bande d'oiseaux pêcheurs, les canots d'écorce d'une tribu indienne; c'est lui qui nous dira les terreurs du Cap des Tempêtes, les ouragans des Antilles, les redoutables renversements des moussons; par lui, nous saurons pourquoi telle contrée tropicale se refuse aux races européennes comme aux cultures de nos climats. Nous apprendrons ainsi les causes physiques de faits historiques et sociaux; ainsi nous apparaîtra l'empire de la nature sur l'homme qui abandonne pour une patrie nouvelle son terroir natal. C'est que, plus que toute autre, l'histoire coloniale a besoin d'un solide fondement géographique. L'action séculaire du relief, celle de la latitude, se fait sentir dans notre vieux monde : nous y découvrons des prédispositions géographiques et comme des fatalités naturelles : la structure du massif central, la constitution géologique de nos provinces, la pente de leurs vallées, ne sont pas indifférentes à l'histoire des Français. Dès lors, que ne peut-on pas dire des colonies aux climats si variés, aux aptitudes si étrangement contraires ? Les conditions physiques de la colonisation, voilà ce que nous devrons à la géographie.

Quant à l'économie politique, il semble que l'histoire lui donne plus qu'elle ne reçoit. L'économiste vit d'histoire, ses inductions se fondent sur des faits et sur une observation qui viennent de nous. Ce n'est point assez pour lui d'avoir étudié la nature du pays dont il parle, d'avoir scruté les richesses du sous-sol, d'en avoir analysé les éléments pour en déterminer la valeur agricole ou industrielle; il apprend cela du géologue ou du chimiste. Mais dès qu'il s'agit des hommes, l'historien seul peut l'instruire. Prenons pour exemple la fondation d'une colonie. Ici, c'est l'État, c'est un roi, c'est Louis XIV qui crée l'établissement et qui le réglemente. Ailleurs, il naît par l'exode volontaire d'un peuple et se forme librement. Quand toutes les institutions sociales, judiciaires, religieuses de la métropole sont par décret royal transportées au Canada, il n'est pas inutile à l'écono-

miste de les connaître ; les chartes des Compagnies, les errements de
leur direction, leurs finances, leur marine, les méthodes de leur commerce, il doit tout savoir s'il veut établir ses conclusions sur des fon-
dements solides. Comme celle des États, la destinée des colonies dépend
presque toujours étroitement de faits d'ordre historique : actes politiques du souverain, lois civiles, vicissitudes guerrières, mœurs nationales ; autant que les dispositions de la nature, elles expliquent leur
fortune bonne ou mauvaise. Et nous, à notre tour, par une réciprocité
féconde, nous emprunterons à l'économiste les chiffres de ses statisti-
ques et les conclusions de ses enquêtes.

Le domaine de l'histoire coloniale, c'est l'ensemble des faits qui concernent la naissance et le développement, la vie passée et présente de
nos anciennes colonies et de nos colonies actuelles. Rien n'en doit être
exclu, pas plus le récit de la découverte que l'étude des lois ou de l'a-
griculture, ou de l'évolution sociale. La navigation de Jacques Cartier
fait partie des annales du Canada au même titre que les exploits de
Montcalm ou l'essor des Canadiens français. De nos jours, Savorgnan
de Brazza et la formation du Congo, la conquête de Madagascar, l'établissement de l'empire indo-chinois, ne sont pas moins dignes de
notre attention.

Mais cette histoire ne tient pas tout entière dans des récits héroï-
ques ; nous devons, pour juger l'œuvre du passé et préparer celle de
l'avenir, faire d'autres enquêtes, savoir comment la métropole a régi
ces territoires nouveaux, examiner si l'administration favorise le
progrès ou le gêne, si l'impôt est juste et bien assis, si les droits de
douane sont équitables, si le protectionnisme s'impose ou s'il faut pré-
férer la liberté : en un mot, nous devons, pour égaler notre tâche,
étudier toutes les manifestations de la vie politique et sociale, les conceptions qui les ont gouvernées autrefois et celles qui les gouvernent
de nos jours

D'ailleurs, nous ne pouvons négliger les expériences des autres peuples colonisateurs. Tous ont passé par les mêmes épreuves, tous ont
commis des fautes plus ou moins graves. Même dans les contrées
où n'existait, à la venue des premiers explorateurs, qu'une civilisation
rudimentaire, où, la population vivant à l'état sauvage, l'État européen

s'est formé sans résistance comme en un domaine vacant, c'est après de pénibles débuts, des revers souvent, parfois des désastres, que le succès a été conquis.

Nous voyons aujourd'hui la colonisation anglaise triomphante : l'empire de l'Inde, le peuplement de l'Australie, la grandeur des États-Unis, nous étonnent : tels ces monuments indestructibles que les Égyptiens semblent avoir dressés pour l'éternité. Mais ces magnifiques créations ont eu de très humbles commencements, qu'en général on ignore. Il n'y a pas deux cents ans, l'Anglais aux Indes n'était, comme le Hollandais et le Français, que le jouet du plus faible des nababs. Il y a deux cents ans, qu'étaient les treize colonies américaines, sinon quelques cantons serrés entre la forêt et la mer, à peine capables de se défendre contre les Abenakis ou les Hurons ? Toutes nos entreprises commencent comme l'être humain lui-même ; mais celles qui doivent vivre ont en elles dès le premier jour le principe de leur future grandeur ; celles qui, au contraire, sont destinées à périr portent le germe de leur perte. Placées dans des circonstances extérieures identiques, ayant en apparence la même constitution, le même régime, les deux Compagnies des Indes de France et d'Angleterre donnent un frappant exemple de cette vérité. L'une succombe, l'autre fonde un empire : aveugle qui en cherche les raisons dans une bataille perdue, dans l'incapacité ou le talent d'un homme ! Il faut percer plus au fond et sonder le secret des institutions. Or, nous trouverons là, sous les principes opposés qui dirigent dans chaque pays la politique et les hommes, tout le passé de l'Angleterre et, d'autre part, tout le passé de la France.

On s'instruit donc à remonter aux origines, et les contemporains peuvent parfois prendre conseil auprès des hommes d'autrefois. Comptoirs commerciaux des Portugais aux Indes, colonies de peuplement des Anglais et des Français en Amérique, empires d'exploitation des Hollandais, des Espagnols, ces types divers de la colonisation existent encore de nos jours comme ils existaient au xve siècle. Mais les systèmes ont varié, bons ou mauvais, suivant les époques, suivant les doctrines économiques, suivant les besoins ou les passions des peuples colonisateurs. A l'origine, les terres conquises ont été considérées comme des domaines du peuple conquérant : le sol et ses habitants étaient un capital exploitable ; c'était un peu la conception romaine qui faisait des provinces du monde un *prædium populi romani*. Alors la colonie est administrée non pour elle, mais pour la mère patrie. Elle n'a ni garantie ni liberté : elle est protégée comme une richesse, défendue comme un revenu, mais elle n'a pas d'existence personnelle, elle ne doit pas avoir de volonté. Souverains ou Compagnies la traitent comme ces agriculteurs imprévoyants qui, disposant d'un sol vierge, épuisent en dix années la fertilité accumulée par dix siècles. Dès lors, ni droits ni justice pour le peuple inférieur ; esclave de l'Européen, il est traité comme la bête de somme à qui l'on donne à peine une ration d'entretien ; s'il est décimé, s'il périt à la tâche, on trouvera une autre race plus dure et plus robuste pour fouiller ce sol où l'on ramasse l'or et l'argent parmi la poussière des morts. Telle fut la première exploitation des Indes Occidentales par l'Espagne, telle est l'origine de cette traite des nègres que le dernier siècle seulement a pu abolir.

Plus tard on est arrivé à une conception plus humaine des relations entre la métropole et les colonies. Les Espagnols mêmes ont protégé les Indiens, mais le pacte colonial interdit, jusqu'au XIXᵉ siècle, toute industrie rivale de celle de la métropole, tout commerce, sauf avec la métropole. Enfin la liberté politique a été concédée ou conquise, la liberté commerciale est née de doctrines économiques récentes, mais nous avons, nous, gens de France, encore conservé dans nos vieilles colonies et porté souvent dans les nouvelles les coutumes administratives maintenues religieusement dans la métropole. Toutes ces conceptions, nous aurons à les exposer et à les juger.

Mais, Messieurs, il ne suffit pas d'expliquer l'origine et les variations des constitutions coloniales, d'avoir pénétré le secret de leurs organes pour en apprécier le jeu favorable ou en dénoncer l'inutilité et le danger, il ne suffit pas de connaître ce qu'ont fait avant nous, à côté de nous, les Hollandais ou les Anglais : à l'histoire de la conquête et du système administratif du pays, à la description des cultures, à la statistique des produits, à l'étude du peuple colonisateur, il faut allier l'étude du peuple soumis.

L'historien d'une nation s'attache toujours à démêler les éléments ethnographiques, le mélange des races qui l'ont formée et qui agissent sur elle en modifiant ses aptitudes ; pour l'historien colonial, le même problème existe, mais plus difficile à résoudre. Dans toute colonie il se trouve en présence non d'un seul peuple, mais de deux, ou de plus encore ; ce n'est ni une seule religion, ni une règle de mœurs, ni une habitude sociale qu'il doit examiner, c'est souvent la différence, l'opposition, le conflit de deux civilisations. Dans un pays occupé par des sauvages ou des races presque sans culture, l'Européen extermine ou assimile le peuple qu'il déclare inférieur ; il en est autrement lorsque le sol est déjà occupé par une race civilisée, mais autrement que nous, et qui, par suite, ne se plie pas à nos mœurs. Coloniser en Australie, ou en Algérie, ou en Indo-Chine, ce n'est pas un problème de données identiques. Pour éviter des erreurs qui coûtent cher, le peuple colonisateur doit tenir compte de la culture séculaire du peuple conquis. Pour ménager cette nature acquise, pour concilier son intérêt d'émigrant, de commerçant, d'industriel, ses exigences fiscales de protecteur ou de souverain avec les habitudes, les préjugés, les lois religieuses ou sociales de ses sujets, l'Européen doit d'abord les connaître. Si l'on admet qu'un administrateur ne peut accomplir ses fonctions aussi parfaitement s'il ne sait la langue du pays, parce qu'alors il tombe à la merci des interprètes, que devra-t-on dire s'il n'en pénètre ni les mœurs ni les lois ? A plus forte raison faut-il que l'historien interroge le passé du peuple colonisé, s'informe de ses traditions et de ses usages sous peine de ne pouvoir ni le juger ni même le comprendre.

Ainsi, acquérir une science certaine du sol et du milieu, s'instruire de ce qui s'est fait avant lui, de ce qui se fait autour de lui par ses compatriotes et par les étrangers, en tout cas n'appuyer ses conclusions que sur des documents rigoureusement critiqués, tel est son devoir s'il veut faire œuvre utile.

Or, Messieurs, il serait, je crois, injuste de mésestimer un labeur dont je viens d'esquisser devant vous l'ample objet, tant s'élargit l'étendue de recherches presque encyclopédiques, même si nous avions en main les instruments nécessaires au travail. Mais je dois dire qu'ils nous manquent. Si l'histoire des colonies a été curieusement fouillée dans les pays qui, ayant de bonne heure fondé de grands empires, ont vu l'attention du public et des chercheurs se porter vers des études intéressantes pour l'orgueil national et qui ont eu, en outre, le temps pour constituer une littérature historique spéciale et documentaire, il n'en a pas été de même en France. Depuis la Révolution, cette histoire avait cessé de nous intéresser, elle ne provoquait donc plus de travaux que le public ne demandait pas et dont l'utilité actuelle n'apparaissait guère, le pays n'ayant conservé outre-mer que les débris de son ancienne grandeur. Il n'en est pas de même aujourd'hui : le mouvement colonial, qui se produit de nouveau depuis la troisième République, a ramené l'attention sur nos vieilles colonies, et sans doute dans quelques années nous aurons fait pour leur histoire ce que firent déjà pour les leurs les Anglais et même les Espagnols. Malheureusement, jusqu'ici ce domaine est celui qui a été le plus délaissé par l'érudition et l'on chercherait vainement en France l'équivalent des grandes publications faites à l'étranger. L'Angleterre a publié les *Calendars of State papers, Colonial Series* et une partie de la correspondance de la Compagnie des Indes. Ce ne sont pas seulement des textes, mais des pièces de toutes sortes reproduites quelquefois *in extenso*, plus souvent analysées. Pour l'histoire des diverses colonies anglaises d'Amérique et d'Asie, c'est la plus importante collection de documents actuellement existante. Elle est accompagnée d'index alphabétiques qui y rendent les recherches faciles. Le Canada, depuis une cinquantaine d'années, a ses historiens et ses bibliographes. Les sociétés savantes, l'État lui-même, ont fait copier aux Archives de France les documents qui intéressent leur passé. Les séries de documents historiques publiés sous les auspices de la Société littéraire et historique de Québec (*Series of historical documents, published under the auspices of the literary and historical Society of Quebec*), les Mémoires de la Société royale du Canada, les Extraits des archives des ministères de la marine et de la guerre à Paris, la Collection des manuscrits du maréchal de Lévis, les Mémoires et c   ments pour servir à l'histoire de la Nouvelle-France, les Jugements et délibérations du Conseil Souverain, les édits et ordonnances du roi qui se rapportent à la colonie, publiés dès 1803, sont les monuments du patriotisme des Canadiens, les preuves du souci qu'ils ont de leurs origines. Je n'ai pas à citer les histoires faites de seconde main. Elles sont d'inégale valeur, mais elles sont nombreuses : celles de Garneau, de Ferland et de Kingsford représentent à elles seules une somme de travail que les Français du vieux pays sont loin d'avoir égalée au dernier siècle et sur ce sujet. Je passe sous silence les publications de documents faites aux États-Unis, les travaux qui ont fait connaître le nom de M. Harrisse, les nombreuses bibliographies et catalogues de bibliothèques, auxquelles nous n'avons guère à comparer que la bibliothèque américaine de Ternaux.

L'Espagne, pour sa part, a publié des documents très importants pour l'histoire des Indes occidentales, et cela dès le XVIe siècle. Le plus complet de ces anciens recueils est *La Recopilacion de leyes de los reynos de las Indias*, édité en 1681. De 1864 à 1884, MM. Pacheco, de Cardenas et Torres de Mendoza ont donné 42 volumes de documents inédits touchant la découverte, la conquête et la colonisation de l'Amérique et des Philippines, tirés pour la majeure partie des archives des Indes. Une seconde série paraît depuis 1884, éditée par l'Académie royale d'histoire. Une autre collection de documents inédits touchant l'histoire de l'Espagne et des Indes espagnoles a paru de 1892 à 1896. N'oublions ni la collection de voyages de Fernandez de Navarrete, ni le volume de cartes des Indes publié par le ministère du Fomento, en 1877.

Si maintenant, Messieurs, nous arrivons à la France, nous verrons, non sans tristesse, que nous, qui renouons aujourd'hui une tradition coloniale interrompue, nous n'avons, ni dans le passé ni dans le présent, fait rien de comparable à ce que je viens d'exposer pour entretenir chez nous le regret des colonies perdues, ou pour y former en vue de l'avenir une opinion éclairée et puissante. On laisse ainsi la place libre aux sophismes et aux préjugés, d'autant plus difficiles à combattre que les partisans de l'expansion coloniale ne trouvent pas, jusqu'ici, dans nos bibliothèques, les arguments qui pourraient le mieux servir à combattre l'erreur et à propager leur esprit dans la nation, je veux dire une histoire complète et véridique.

Nous avons eu au xviie siècle une littérature spéciale, assez riche, à laquelle on recourt nécessairement si l'on veut parler des colonies du temps. Les écrits de Champlain, de Lescarbot, du P. du Tertre pour l'Amérique; de Flacourt et de Souchu de Rennefort pour Madagascar sont connus. Ce sont des chroniques de témoins. Au xviiie siècle, Dernis et de Francheville ont publié des documents tirés des archives de la Compagnie des Indes. Puis viennent les ouvrages du P. Charlevoix et celui de Raynal, œuvres de seconde main dont on sait la valeur. L'histoire des Indes orientales de Guyon ne mérite pas d'être citée. On peut déjà trouver que c'est bien peu. Mais si nous arrivons au xixe siècle, hors quelques thèses et quelques bibliographies publiées dans les dix dernières années, l'histoire coloniale n'est représentée que par des travaux de seconde main ou par de simples vulgarisations inspirées de travaux souvent eux-mêmes sans valeur. Quelques études sommaires sur Montcalm, sur le Canada, des traductions d'ouvrages de Parkman, des livres superficiels sur l'Inde, sont tout ce que fournit jusque vers 1880 notre historiographie. Nos archives n'ont pas été utilisées, sauf dans les vingt dernières années, non pas encore par tous ceux qui prétendent l'avoir fait. Il est arrivé que tel écrivain énumérât dans ses préfaces la liste copiée, souvent mal copiée, d'un inventaire de bibliothèque; écumant au hasard quelque registre de correspondance, il en cite çà et là quelques passages propres à donner à son œuvre un aspect documentaire; mais il enferme parfois dans les mêmes guillemets le texte original et ses propres élucubrations. Un autre donne comme arguments à sa thèse des textes de seconde main, cache les documents qui contrarient sa légende, présente ses hypothèses comme des faits certains, entremêle les citations authentiques d'inventions de son cru. Le seul moyen honnête, trop lent pour des auteurs qui poursuivaient non la vérité, mais un succès de librairie, eût été de lire patiemment les documents imprimés, de dépouiller les fonds d'archives qui contiennent l'histoire de nos colonies, mais comme le quartz renferme l'or, comme la gangue recèle le diamant. La rudesse du travail a rebuté ces entrepreneurs; d'autres écrivains, très consciencieux quelquefois, ont manqué de méthode: en somme, le travail de dépouillement est à peine ébauché.

Il est d'ailleurs pénible : les archives coloniales ne sont pas concentrées toutes au ministère des colonies. Il existe plusieurs dépôts où le chercheur doit recueillir des éléments épars se rapportant aux mêmes faits. Les pièces officielles relatives aux colonies, Ordres du roi, Correspondance générale, Mémoires et documents, etc., ont été depuis Colbert, à la date de 1669, réunies aux archives de la marine. Elles en ont été distraites en 1892 et logées peu confortablement dans les combles du pavillon de Flore. Mais pour des raisons de service ou d'autres, un grand nombre de pièces ayant un intérêt administratif ou militaire se trouvent au Dépôt des cartes et plans, aujourd'hui Service hydrographique de la marine; d'autres au Dépôt des fortifications des colonies actuellement au ministère de la guerre. Il existe aussi au ministère des affaires étrangères, dans les Fonds divers où les documents sont classés par pays, un grand nombre de mémoires ou de pièces intéressantes. Les Archives nationales, la Bibliothèque nationale, celle de l'Arsenal, contiennent aussi des richesses historiques provenant soit de remises de l'État, soit d'archives privées, achetées ou léguées. On peut d'ailleurs, à l'aide des inventaires sommaires qui existent, se rendre compte du contenu de presque tous ces dépôts.

Le plus riche de tous est celui du ministère des Colonies. C'est aussi celui qui est le plus inabordable et où il est le plus difficile de se diriger. Les archives sont elles-mêmes fort mal installées dans des galeries étroites, en bois, desservies par des escaliers à vis d'où, en cas d'incendie, rien ne pourrait être sauvé. Le service des archives est aussi celui de l'état civil, et chefs et employés ont des soucis administratifs qui pourraient, s'ils étaient moins courtois, leur faire considérer l'histoire comme un souci de plus. Quelle que soit leur complaisance — et elle est inépuisable — elle ne peut remédier au manque de places (il y en a six), aux inconvénients du local, circulation intense, bruit de conversations, entrées et sorties d'un public affairé. Enfin, et surtout, il n'existe d'autre inventaire qu'un registre de récolement manuscrit, dressé il y a vingt-cinq ans par un des précédents conservateurs. Ce registre n'est pas communiqué, étant unique, et ne donne que le titre général de chaque série. Ainsi la série C comprend la correspondance générale, lettres reçues, et la sous-série C³ la correspondance de l'Inde et l'administration en France; la série C⁴ est relative à l'île de France; la série D aux troupes. Il est malheureusement impossible de savoir par le détail ce que peuvent contenir les volumes. En général, ils portent une date, et les documents qu'ils contiennent se rapportent presque toujours à l'année indiquée; mais il y a des exceptions nombreuses, et comme le classement, à l'époque où l'on a relié les pièces, n'a pas été fait avec assez de rigueur, on trouve des lettres missives dans les registres cotés *Administration*, et des rapports d'administrateurs parmi la *Correspondance*. Il y a aussi des Mémoires ailleurs que dans les registres intitulés *Mémoires*. On est donc obligé de parcourir bien des pages pour trouver ce que l'on cherche et l'on peut passer à côté d'un document important parce qu'il est classé à une autre année que celle de sa date.

La collection Moreau de Saint-Méry, F³, qui comprend près de trois cents volumes, renferme une quantité énorme de pièces recueillies ou copiées par ce jurisconsulte, et relatives à l'histoire de nos colonies d'Amérique. Mais il n'en existe pas non plus d'inventaire même sommaire. En somme, on est obligé de glaner les renseignements bibliographiques dans les livres et les articles de revue dont les auteurs ont exploré quelque partie de ces archives. Il n'a pas été fait non plus de publication spéciale de textes en dehors de celle de P. Margry : *Mémoires et documents pour servir à l'histoire des origines françaises des pays d'outre-mer*. L'auteur, qui fut archiviste de la marine, a laissé des traces de son crayon sur des milliers de pièces de son dépôt. Il en a copié ou fait copier un si grand nombre que ses papiers constituent aujourd'hui un fonds de plus de deux cents registres à la Bibliothèque nationale. Mais on peut dire que pas une de ces copies n'est accompagnée de références, et, bien qu'on puisse constater par celles des pièces dont on connaît l'original que le copiste est fidèle, ce formidable amas de renseignements peut difficilement servir à l'historien prudent qui aime à travailler sur le document authentique ou du moins désire contrôler.

Après des inventaires méthodiques qui devraient être entrepris sans délai, la première œuvre utile pourrait être de publier un choix des documents les plus importants qui concernent nos colonies. On possède déjà du dernier siècle le Recueil Dernis pour la Compagnie des Indes jusqu'en 1755; il est d'autant plus précieux que la plus grande partie des archives de la Compagnie a été détruite et qu'il paraît peu probable qu'on puisse les reconstituer avec ce qu'on possède à Paris et avec les restes des anciennes archives qui sont encore à Pondichéry. Il serait possible de choisir dans la série C² des Archives coloniales et dans les papiers de Dupleix des éléments d'information qui suffiraient pour éclairer l'histoire si peu connue de l'Inde française. Les Antilles, surtout Saint-Domingue, auraient leur tour, puis le Canada, et l'on pourrait enfin faire avec quelque sûreté les monographies de ces Compagnies commerciales dont on dit tant de mal et parfois tant de bien sans trop les connaître.

C'est un labeur obscur mais nécessaire que celui qui consiste d'abord à cataloguer, à inventorier, à analyser les documents que d'autres mettent en œuvre. En attendant que l'État confie aux spécialistes, je veux dire aux admirables travailleurs que forme l'École des chartes, cette œuvre pressante, nos étudiants pourraient se hasarder dans ces domaines où les sujets de thèse se trouvent facilement et où l'expérience s'acquiert, pour le plus grand profit de leur formation scientifique, pourvu que quelques conseils leur épargnent les peines inutiles, qu'une certaine discipline les plie à la méthode et qu'on leur apprenne à choisir. Un document peut être inédit et n'offrir pas le moindre intérêt, et l'on ne doit point, à mon sens, passer sa vie à redresser des pointes d'aiguilles.

Ainsi se fera peu à peu, par une collaboration continue, la préparation des matériaux de l'histoire du passé.

Mais cependant, le présent nous réclame. Si nous n'avons pas ici le recul du temps qui permet de juger plus froidement, nous avons l'avantage de posséder non seulement les premières relations, mais les témoins et les acteurs mêmes des faits.

On m'objectera peut-être que si les témoins vivent encore et si l'histoire qu'ils ont contribué à faire est trop proche, nous risquons d'instituer une œuvre comparable à des mémoires personnels, nécessairement partiale, selon les témoignages oraux ou écrits que nous aurons consultés. Ce serait un travail inutile parce qu'il est voué fatalement aux erreurs.

On peut, je crois, répondre qu'avec de l'esprit critique, avec une information un peu large, il est possible, même pour des faits presque contemporains, d'approcher très près de la vérité. Il serait vraiment dommage de ne pas recueillir tant d'informations orales que peuvent nous confier des hommes qui ont bien vu : tous n'écriront pas leurs mémoires, et par l'intérêt que nous présentent aujourd'hui ceux des soldats du premier Empire ou de la République, on peut juger de la valeur d'une documentation de cette nature si l'on sait mériter les confidences et s'en servir avec la discrétion nécessaire. A côté des témoignages oraux, les très nombreuses publications officielles ou non sont une source d'informations non moins sérieuse. Ce n'est donc pas la matière qui manque. Quant à la mise en œuvre, c'est affaire à la sagesse de l'ouvrier.

Il est évident que ce travail pourra être retouché à mesure qu'avec le temps s'apaisent les passions qui nous divisent, que l'équité s'impose même aux adversaires les plus acharnés. Il est des hommes d'État pour lesquels le jour de la justice s'est levé avant celui de leur mort. Mais le devoir de l'historien qui trace l'esquisse de la colonisation contemporaine sera de devancer, s'il y a lieu, cette justice tardive, de s'élever au-dessus des conflits d'opinions et d'intérêts passagers jusqu'aux régions sereines où luit la pure lumière de la science.

Porter dans toute notre histoire l'impartialité de son jugement, contribuer à former l'opinion de la nation, répandre autour de ce foyer d'études que créeront, je l'espère, les futurs professeurs de nos lycées, le goût et la méthode des études coloniales, de façon que de nos studieuses retraites ces connaissances passent jusqu'aux écoles, c'est-à-dire jusqu'aux plus lointaines bourgades du sol national, faire que le nom d'un Dupleix, d'un Francis Garnier, d'un Ferry, soient familiers à l'enfant du village comme à l'étudiant des Facultés, n'est-ce pas un assez digne prix de nos travaux ? C'est aussi une fin désirable, car c'est l'opinion publique, mal instruite de la question coloniale, dont les faiblesses et les variations furent, plus encore peut-être que les fautes administratives, financières ou politiques, le principe de nos désastres sous l'ancien régime.

S'il y avait eu, pour soutenir nos coloniaux au temps de Louis XV, une opinion aussi forte que celle qui éternisait alors la guerre à l'Autriche, nous serions peut-être aujourd'hui maîtres de l'Inde et de l'Amérique. Pour expliquer ces défaillances, on a pu arguer de notre culture trop classique, de l'éloignement de notre noblesse et de notre bourgeoisie pour un commerce qui dérogeait, de la préférence acquise déjà aux fonctions dites libérales. Toutes ces causes sociales dont l'action persiste de nos jours font comprendre l'abstention des écrivains, leur indifférence ou même leur hostilité contre les colonies.

Et pourtant la politique continentale ne nous a donné que de stériles triomphes suivis de lourdes défaites. A présent, au contraire, dans le Parlement, dans la presse, dans la jeunesse, se répand l'esprit colonial, et commençant trop lentement encore à quitter la voie des carrières libérales, des jeunes gens de plus en plus nombreux partent pour les nouvelles Frances que nous avons conquises. Aux Cavelier de la Salle, aux La Verendrye, aux Dupleix succèdent les Brazza, les Lagrenée, les Paul Bert, pour ne parler que des morts. Il est utile, il est juste de seconder ces pionniers en retraçant ici leurs épreuves, en exposant leurs travaux, en leur formant des auxiliaires et des appuis. Mieux nos colonies seront connues, plus leurs ressources, leur valeur, seront appréciées, plus se porteront vers elles capitaux, ingénieurs et colons. Nos richesses, qui vont vivifier dans les cinq parties du monde des entreprises étrangères, même coloniales, consentiront à s'employer chez nous, dès qu'il sera démontré que l'Indo-Chine vaut l'Inde. Uni aux géographes, l'historien colonial contribuera pour sa part à cet accroissement de la prospérité nationale. Nous travaillerons dans la mesure de nos forces à la fondation du double empire africain et asiatique, gage de l'avenir, de la durée de notre nation. La France doit se garder sa place au soleil entre les Anglo-Saxons et les Allemands, pour elle-même d'abord et ensuite, j'ose le dire, pour l'honneur de la civilisation.

C'est dans cette vue que, comme préface à l'histoire de la colonisation contemporaine en Asie, nous débuterons par l'étude de la Com-

pagnie des Indes et de son œuvre dans les mêmes régions. Suivant le
plan que j'indiquais tout à l'heure, j'étudierai les origines et la formation de la Compagnie de Colbert, ses vicissitudes, ses transformations à
l'époque du système de Law et sa reconstitution ; mais je laisserai de côté
les épisodes militaires et politiques déjà connus. J'essaierai de dresser
devant vous cette colossale machine, d'en faire voir les ressorts, de
vous mettre au fait de son fonctionnement aussi exactement que s'il
s'agissait de la Banque de France ou d'une Compagnie de chemin de
fer. Quand nous aurons vu quelles étaient ses ressources financières,
quels hommes la dirigeaient, et dans quel esprit ; quelle marine, quels
serviteurs elle a eus ; quelle responsabilité le gouvernement mérite
dans ses fautes et dans ses désastres, alors nous pourrons comprendre
comment la Compagnie n'a rien fait de Madagascar et peu de chose de
l'île de France, comment Dupleix n'a pu nous donner l'Inde. Nous
saurons aussi ce qu'était au xviii° siècle une Compagnie de commerce
et ce qu'elle ne doit plus être. Cette étude doit commencer à la date
de 1664 ; aujourd'hui je vais donner un aperçu, bref et nécessaire,
des tentatives coloniales faites par les Français au début du xvii° siècle
jusqu'à la date que je viens de m'assigner.

Je n'ai qu'à rappeler les noms de Verazzano, de Jacques Cartier, de
Roberval, pour montrer que dès le règne de François Iᵉʳ, les Français
prirent rang parmi les découvreurs et les colonisateurs. Les guerres
de religion détournèrent malheureusement l'énergie nationale de ces
entreprises. Les expéditions faites par les protestants Villegagnon,
Ribaut et Laudonnière ne purent être soutenues. C'est au règne de
Henri IV que nous reprenons la route des terres nouvelles. Le marquis
de la Roche en 1598, le commandeur Aymar de Chastes, gouverneur
de Dieppe, en 1602, obtinrent du roi la permission de faire au Canada
le commerce des pelleteries. C'est au service du second que Samuel
de Champlain fit son premier voyage sur les rives du Saint-Laurent.
Après de Chastes, Pierre du Guast, sieur de Monts, gentilhomme
saintongeois, devint chef de la colonie d'Acadie ou de la Nouvelle-
France, comme on appelait alors toute cette région de l'Amérique.
De Monts avait reçu pour dix ans le monopole du commerce, mais il
était permis à tout Français de s'y associer en entrant dans sa Compa-

gnie. Néanmoins, les commerçants de Rouen avaient fait une assez vive opposition au privilège et le roi avait dû envoyer des lettres de jussion au Parlement de Normandie pour faire enregistrer la commission de de Monts. Un établissement fut créé à Port-Royal, aujourd'hui Annapolis, et l'exploration continua. C'est en 1608 que Champlain, parti avec trois vaisseaux chargés de colons, fonde Québec et remonte le cours supérieur du fleuve.

En même temps, Henri IV avait concédé, par arrêt du conseil du 1ᵉʳ juin 1604, un privilège exclusif de quinze ans à une société formée en vue de commercer aux Indes. Le créateur de l'entreprise était un Flamand, nommé Gérard de Roy. L'édit lui assignait le port de Brest pour y équiper sa flotte et pour y faire entrer en franchise les marchandises qu'elle rapporterait. Le roi déclarait que le commerce maritime n'entrainerait pas dérogeance pour les nobles qui s'y associeraient. Il donnait aux associés deux canons par vaisseau et leur permettait de se fournir en Hollande des bâtiments, agrès, apparaux et vivres nécessaires, comme d'y recruter des marins. Gérard de Roy était nommé capitaine général de la flotte royale des Indes orientales.

En 1609, cinq ans après, la Compagnie n'avait pas encore fait partir un seul bâtiment; cependant la moitié du capital était versée; le président Jeannin, qui négociait alors la trève entre l'Espagne et les Provinces-Unies, avait profité de son séjour en Hollande pour procurer à la Compagnie des hommes et des vaisseaux. Mais les États, dont cette tentative française menaçait le commerce oriental, protestèrent contre l'embauchage de leurs marins et même contre l'établissement de la Compagnie. Leur envoyé déclara que les Hollandais aborderaient nos navires et pendraient tous les Flamands qu'ils y trouveraient. Il semble qu'il n'était pas possible à cette époque d'armer en France pour l'Inde. La Compagnie ne fit donc rien de son privilège, qu'on lui renouvela pourtant en 1611 pour douze années.

Ainsi, hors l'œuvre commencée par Champlain au Canada, le règne de Henri IV, trop bref, n'avait pu donner de résultats, quelles que fussent ses favorables dispositions.

Mais, dès la Régence, les idées de colonisation trouvèrent des défen-

seurs convaincus ; Montchrestien, dans son *Traité d'économie politique*
publié en 1615, devança la pensée de Richelieu si même il ne l'a sug-
gérée : « Vous avez, Sire, dit-il à Louis XIII, deux grands chemins
ouverts à l'acquisition de la gloire, l'un qui vous porte directement
contre les Turcs et l'autre qui s'ouvre largement aux peuples qu'il
vous plaira envoyer dans ce nouveau monde où vous pouvez planter
et provigner de nouvelles Frances. » Il donne les arguments qui légi-
timent cette expansion coloniale et n'oublie pas cette œuvre « digne
entre toutes du titre de chrétien qui consiste à aller faire connaître le
nom de Dieu à tant de peuples barbares. » Au xvii° siècle, plein de l'esprit chrétien, l'apostolat était la seule forme, acceptée par tous, de l'expansion civilisatrice. Il conseille d'organiser des Compagnies privilé-
giées à l'exemple des Hollandais, car un particulier ne saurait soutenir tout seul longtemps ce commerce, quelque opulent qu'il puisse
être, et d'encourager les associés par des libéralités, priviléges et
immunités.

Lescarbot, dans son histoire de la Nouvelle-France. qui parut en
1612, conseilla de tirer parti de ce pays sans mines par le travail
agricole : « La plus belle mine que je sache, écrit-il, c'est du blé et du
vin avec la nourriture du bétail. On a assez vu et ouï parler de terres
nouvelles, il est temps de les coloniser. » Écoutez maintenant l'écho
de ces pensées dans les mémoires de Richelieu : « Cette grande connaissance que le cardinal avait prise de la mer fit qu'il présenta à l'Assem-
blée des notables, qui se tenait lors (1626), plusieurs propositions
nécessaires, utiles et glorieuses. non tant pour remettre en France la
marine en sa première dignité que, par la marine, la France en son
ancienne splendeur. Il leur remontra qu'il n'y a royaume si bien situé
que la France et si riche de tous les moyens nécessaires, pour se
rendre maître de la mer ; que, pour y parvenir, il faut voir comme
nos voisins s'y gouvernent, faire de grandes Compagnies, obliger les
marchands d'y entrer, leur donner de grands priviléges comme ils
font : faute de ces priviléges, et pour ce que chaque petit marchand
trafique à part de son bien, et partant, pour la plupart, en de petits
vaisseaux et assez mal équipés, ils sont la proie des corsaires parce
qu'ils n'ont pas les reins assez forts. comme aurait une grande Com-

pagnie; que ces Compagnies seules ne se voient pas néanmoins suffisantes, si le roi, de son côté, n'était armé d'un bon nombre de vaisseaux pour les maintenir puissamment, au cas qu'on s'opposât par force ouverte à leurs desseins. »

Ainsi, selon le plan de Montchrestien, Richelieu empruntait aux Hollandais le type de la grande Compagnie privilégiée, seule capable de faire les frais d'une navigation coûteuse, et il acceptait de leur assurer la protection royale. Les chartes de concession qu'il accorda montrent en même temps quelles espérances démesurées on paraissait avoir et quels étaient ses principes en cette matière. Il est curieux de voir apparaître, dès ces premières créations, certains traits caractéristiques et certains usages qui deviendront traditionnels pendant tout le xviie siècle. Prenons, par exemple, la Compagnie de la Nacelle de Saint-Pierre fleurdelisée, qui fut fondée en 1627. Richelieu avait chargé Mathieu Molé, le futur président du Parlement de Paris, d'examiner les propositions faites par le sieur Wytte, natif d'Alcmaar en Hollande, Francisco Billoty, natif de Bruxelles en Brabant, et Jean du Meurier, écuyer, demeurant en la ville de Redon en Bretagne. Ils avaient formé une Compagnie « pour établir dans le royaume un grand négoce, y introduire les pêcheries, la fabrique des vaisseaux et divers autres ouvrages qui n'y sont communs. » Les conditions furent examinées, modifiées par Mathieu Molé, et le traité adopté par le cardinal, qui était alors au château de Limours. Les vues de la Compagnie étaient fort étendues, comme on en va juger. Ses chefs promettaient d'amener dans le royaume, dans six mois du jour de l'enregistrement des lettres patentes, quatre cents familles composées de personnes propres au commerce, pêcheries, fabriques, etc., et, en outre, au moins douze vaisseaux équipés. Moyennant quoi, il était permis aux associés de pratiquer le commerce et l'industrie sur terre et sur mer à leur gré : faire tapisserie, draperie, toiles fines, plantation de riz, de canne à sucre, raffinerie., armes et autres marchandises de fer, cuivre et laiton, savon, fromage, beurre. tourbe de houille. verre de cristal. mines. porcelaines. faïences, à la façon des Indes et d'Italie et tous autres ouvrages et manufactures qu'ils reconnaîtraient utiles. Les Flamands, Hollandais et autres que la Compagnie amènerait dans le royaume seraient réputés Français et jouiraient des mêmes droits. Et pour davantage obliger les étrangers et Français qui seraient de ladite Compagnie, le roi les anoblirait jusqu'au nombre de trente-deux. La même faveur serait accordée à ceux qui, dans la première année de ladite Compagnie, y entreraient et y mettraient au moins 20,000 livres en fonds et à ceux qui, n'y mettant pas un si grand fonds, y apporteraient de l'industrie et du travail.

Toutes personnes, de quelque dignité et condition qu'elles fussent, pouvaient entrer dans la Compagnie, y mettre leurs deniers, entreprendre pour elle les voyages et commerce de mer sans déroger à leurs qualités ni préjudicier à leurs privilèges. Sa Majesté voulait même que cela leur servît pour accroissement à leur noblesse.

Sa Majesté désignerait à la Compagnie deux lieux non habités, l'un sur l'Océan, à l'entrée de quelque rivière, en laquelle donne le flux; l'autre dans la mer Méditerranée, pour y établir un port et un arsenal fortifié. Les habitants seraient exempts de tailles, aides, et de tous les autres impôts, même des droits de port. Il n'y aurait ni maîtrises ni jurandes et les juges du lieu seraient nommés par la Compagnie, mais prêteraient serment devant le cardinal, Grand Maître de la navigation.

Voici maintenant comment elle recruterait ses colons, ses matelots et ses habitants :

« Et pour ce qu'il y a en ce royaume grand nombre de mendiants et vagabonds, propres au travail, Sa Majesté ordonnera à tous lesdits mendiants et vagabonds de se mettre au service de la Compagnie. Sinon, après un délai de deux mois, la Compagnie pourra s'emparer d'eux et les garder pendant six ans, sans leur devoir autre chose que la nourriture et le vêtement. »

Et voici le domaine où s'exercerait son activité : il était permis à la Compagnie d'entreprendre des voyages au loin; faire des peuplades et établir des colonies, même au Canada; de conquérir des terres dont la pleine possession lui appartiendra, à charge de les tenir à foi et hommage de Sa Majesté. Il lui était permis de trafiquer en tous pays non ennemis de la couronne, même dans les pays du septentrion, comme Moscovie, Norwège, Suède, Hambourg. Elle pourrait traiter avec tous les princes et potentats étrangers, non ennemis de la couronne, à charge de communiquer les articles desdits traités au surintendant général du commerce de France.

Je ne sais si Richelieu fonda jamais de grands espoirs sur une société qui annonçait de si vastes ambitions et qui ne disposait probablement que de ressources assez faibles. Elle ne réalisa rien de ces desseins : l'eût-elle essayé, qu'elle aurait dû restreindre ses entreprises, sous peine de les voir succomber en raison même de leur multiplicité.

Néanmoins, il n'est pas sans intérêt d'examiner la nature des concessions que fit le cardinal aux négociants étrangers dont il accueillit les propositions. Il ne s'agissait pas seulement de coloniser, mais de faire dans le royaume même toutes sortes d'entreprises industrielles et du commerce en tous pays. Promettre la noblesse aux roturiers qui mettraient 20,000 livres dans la société, c'est un encouragement qui prouve combien peu le commerce était estimé, c'est avouer que l'appât des bénéfices à réaliser ne semblait pas suffisant pour attirer les associés, c'est vendre la noblesse à prix fixe, c'est provoquer assez maladroitement, semble-t-il, la venue de gens dont la vanité bourgeoise ne serait sans doute pas toujours unie à la capacité du commerçant et du colonisateur. L'immunité d'impôts, de droits et de juridiction accordée à la Compagnie dans ses ports était chose excellente en principe, mais cela motiva l'opposition du Parlement de Rennes; il refusa d'enregistrer l'acte de constitution. Quant au mode de recrutement qui consiste à emprisonner les vagabonds pour les forcer au travail, cela ne pouvait donner, je pense, que de bien mauvais serviteurs; mais ainsi naît une habitude qui durera en France autant que l'ancien régime : coloniser avec les pires éléments de la population. Il semble que d'avoir volé ou vagabondé pendant quelques années dans la mère patrie, cela donne une expérience suffisante pour faire un laboureur à Madagascar ou un soldat dans les Indes. N'y a-t-il pas au fond de cette singulière politique la pensée que la colonie est sinon un enfer, au moins un séjour fort triste et que de telles recrues seront toujours assez bonnes pour y demeurer et pour y faire des travaux expiatoires? Ainsi se trahit peut-être une certaine répugnance inconsciente à l'émigration. Il y avait en effet, dès cette époque, une opposition à la politique coloniale. Razilly, dans un mémoire adressé au cardinal, reconnaît que bien des personnes éclairées soutenaient que la navigation n'était point nécessaire en France et que les Français n'étaient pas capables d'entreprendre de longs voyages et de fonder des colonies. Ces opposants étaient certainement ignorants; ils obéissaient à cette routine commode qui dispense de réfléchir; ils ne connaissaient pas dans le passé de la nation d'exploits sur mer comparables à nos exploits sur le continent; ils oubliaient ce qu'avaient fait les Normands et les Basques, ils acceptaient enfin comme voulue par la nature une prétendue inaptitude de leur race à égaler les Portugais et les Espagnols. On en aurait certes pu dire autant de ces derniers la veille de l'expédition de Colomb. Mais Richelieu savait que la France était admirablement douée par la nature pour le commerce maritime; il voulut et il maintint une politique favorable à la colonisation. Il y vit le gage d'une puissance navale capable de balancer celle de l'Espagne et de la Hollande, de défendre nos côtes contre une invasion des Anglais; il espéra aussi faire en Orient un contrepoids à leur richesse et à leur puissance. Persuadé de l'utilité qu'il y avait à favoriser le commerce au long cours, à fonder de bons établissements coloniaux, à faire alliance avec les peuples de toutes les côtes, comme l'avaient fait les Portugais. il accueillit toutes les propositions qui lui furent adressées pour la formation de Compagnies nouvelles, ne leur refusa aucun privilège politique ou fiscal.

En mai 1628, au camp devant la Rochelle, fut publiée la déclaration contenant les statuts de la Compagnie des Cent associés de la Nouvelle-France ou du Canada. Le roi lui donna toute la côte de l'Amérique septentrionale depuis la Floride jusqu'au cercle arctique. Il lui reconnut tous les droits de souveraineté sous la seule condition de lui rendre foi et hommage et de donner une couronne d'or du poids de huit marcs à chaque changement de règne. On retrouve dans cette charte la clause de non-dérogeance et les promesses d'anoblissement. Mais cette Compagnie, bien qu'elle ait un monopole commercial. s'engage aussi à faire passer au Canada, en quinze ans, au moins quatre mille personnes de tous métiers. Elle se charge de nourrir et d'entretenir les nouveaux habitants pendant trois ans, après quoi elle ne leur devra plus que la quantité de terres défrichées nécessaire pour leur existence. Deux articles peuvent être signalés comme caractéristiques. En premier lieu, tous les colons doivent être catholiques. L'exclusion expresse des protestants s'explique par ce fait que Richelieu les combattait alors et qu'ils étaient alliés de l'Angleterre. L'autre (art. 16), que nous verrons reproduire dans le privilège de la Compagnie des Iles et de celle de l'Orient, ordonne « que les sauvages qui seraient amenés à la connaissance de la foi et en feraient profession seraient désormais censés et réputés pour naturels français, et, comme tels, pourraient venir habiter en France, quand bon leur semblerait, et y acquérir, tester, succéder, accepter donations et legs, tout ainsi que les vrais regnicoles et naturels français, sans être tenus de prendre aucune lettre de déclaration ni de naturalité. » Cet article, si remarquable, établit en somme l'égalité entre les Français naturels et les indigènes des colonies qui auront adopté nos usages et, selon les conceptions du temps, notre religion. Désormais le cardinal exigera toujours que tout colon soit catholique et que les Compagnies assurent la prédication du catholicisme aux indigènes.

N'ayant voulu qu'indiquer les traits caractéristiques de l'œuvre coloniale de Richelieu, nous n'avons pas à faire l'histoire de la Compagnie de la Nouvelle-France. Le P. Charlevoix témoigne que les colons qu'elle fit passer en Amérique étaient choisis avec soin surtout parmi les paysans de Bretagne et de Normandie. Plus heureuse que les autres entreprises de la même époque, elle vécut et continua, sous le gouvernement de Champlain et de Montmagny, le commerce des pelleteries et la reconnaissance et le peuplement de la contrée.

Le cardinal s'intéressa personnellement pour dix mille livres dans la Société fondée en 1626 par d'Esnambuc, laquelle occupa l'île de Saint-Christophe et dut être réorganisée en 1635 sous le nom de Compagnie des îles de l'Amérique : elle occupa la Martinique, la Guadeloupe, Sainte-Lucie et d'autres petites îles. Mais en dépit d'une nouvelle reconstitution en 1642, elle dut, vers l'époque de la Fronde, pour éviter sa ruine totale, vendre à divers particuliers les îles qui étaient sa propriété. C'est la preuve que la présence d'un associé tout-puissant et de quelque valeur intellectuelle ne suffit pas à assurer la bonne gestion ni la réussite d'une entreprise. Mais le cardinal voulait par son exemple faire sortir la nation de son inertie et lui apprendre, comme disait Renaudot dans sa Gazette, *que nul climat ne lui est non plus inaccessible qu'aux autres*. Quiconque, grand ou petit, voulut tenter quelque établissement nouveau, trouva près de lui accueil et appui. En 1633, une Compagnie de marchands de Rouen obtint le privilège du commerce de l'Orénoque et de l'Amazone ; la même année, le sieur Rosée, marchand de Dieppe, et ses associés eurent permission exclusive pour dix ans de trafiquer au Cap Vert et sur les rivières du Sénégal et de la Gambie. Le 11 janvier 1634, Jean Briant Larcy et ses associés de Saint-Malo obtinrent pour dix ans le privilège du commerce sur la côte de Guinée, depuis Sierra Leone jusqu'au cap Lopez ; le 31 octobre 1635, le sieur Pierre de la Haye, de Paris, reçut pour trente ans le droit de trafiquer sur les côtes d'Afrique depuis le Cap Blanc jusqu'à Sierra Leone, exception faite des localités accordées aux Compagnies du Cap Vert et de Guinée. C'étaient là de bien médiocres entreprises. La Société Larcy, de Saint-Malo, n'avait qu'un fonds de 10 000 livres.

La Compagnie d'Orient, la plus intéressante pour nous, puisqu'elle est une des nombreuses Compagnies fondées pour le commerce des Indes, succéda à celle de Gérard de Roy, laquelle s'était fondue en 1615 avec une association normande, sous le nom de Compagnie des Moluques, sans avoir obtenu, semble-t-il, grand succès. De 1633 à 1638, quelques négociants dieppois firent les frais de deux expéditions à Madagascar. Ainsi se forma la nouvelle Compagnie qui fut érigée par lettres patentes du 24 juin 1642. Elle comprenait vingt et un associés, parmi lesquels le capitaine Rézimont et Rigault, capitaine de marine. On la désigne sous le nom de Compagnie d'Orient, Compagnie de Madagascar, Compagnie des côtes orientales d'Afrique. Elle avait pour objet d'envoyer dans l'île Saint-Laurent ou Madagascar et autres îles adjacentes pour y établir des colonies et en prendre possession au nom du roi. Comme les autres, elle devait s'occuper de la conversion des indigènes et envoyer des missionnaires. En réalité, on s'occupa fort peu de cette clause. Les premiers chefs envoyés dans la future colonie. Pronis et Foucquembourg, étaient protestants. Ils s'établirent d'abord à la baie Sainte-Luce, puis l'insalubrité du pays ayant décimé les premiers colons, Pronis se transporta à Fort-Dauphin, plus au sud de l'île. Quelques navires de France purent charger dans ce port du bois d'ébène, des cuirs et autres marchandises d'assez peu de prix, mais Pronis eut à lutter contre ses compagnons révoltés et contre les Malgaches irrités par de mauvais traitements. La Compagnie le remplaça en 1648 par Étienne de Flacourt, qui portait le titre de directeur général de la Compagnie française de l'Orient. Flacourt vainquit les Malgaches soulevés, fit prendre possession de l'île Mascareigne qu'il nomma Bourbon. Mais de 1648 à 1654, la Compagnie, dont les retours n'avaient pas couvert les dépenses et que les guerres civiles semblent avoir privée de tout appui du gouvernement, ne put lui envoyer aucun secours. C'est le maréchal de la Meilleraye, gouverneur de Nantes et de Port-Louis, qui ravitailla la colonie, espérant, à la faveur de ce service, pouvoir obtenir de la Compagnie le partage de son privilège, qu'elle avait fait renouveler en 1652. La Compagnie expédia enfin un navire sur lequel s'embarqua Flacourt ; le vaisseau périt en mer et la Meilleraye, par suite d'un accord avec la Compagnie, continua jusqu'à sa mort à entretenir la petite colonie de Fort-Dauphin. On avait envoyé dans l'île environ 500 colons à gages, dont il restait une centaine en 1664. La cause de cet insuccés était qu'on avait cru trouver à Madagascar des épices et des ressources pour le commerce. Or, les indigènes, encore sauvages, avaient peu de besoins. L'île pouvait, il est vrai, avec du temps et du travail, procurer des avantages sérieux, par l'extension de cultures appropriées au sol et au climat. Mais la Compagnie n'avait pas de capitaux suffisants et l'état déplorable où se trouva la France de 1648 à 1659 explique le découragement des associés.

Ainsi l'histoire du commerce colonial en France, au début du xviie siècle, se développe par l'imitation des procédés employés par les Hollandais et un peu avant eux par les Anglais. La formation de la Compagnie des Indes de Hollande est de 1602, celle de la Corporation des marchands de Londres est de 1600. Dans ces deux pays l'association remplaça le commerce particulier pour des raisons qu'il est facile de formuler. Les frais que comportait ce commerce étaient très lourds, les armements très dispendieux en raison de la longueur des voyages, du grand tonnage des navires et de la force des équipages. La durée du trajet était fort longue, huit à dix mois pour l'aller, autant pour le retour, quelquefois plus, en raison des vents réguliers dont il ne fallait pas manquer la saison. Les risques étaient fort graves, et non seulement les risques de mer, mais la piraterie, aussi redoutable dans les mers de l'Inde qu'aux abords de la Berbérie. Il arrivait souvent qu'un ou deux navires d'une escadre périssaient ou étaient pris. De là des chances de pertes que ne balançaient pas toujours les bénéfices énormes réalisés sur les cargaisons d'épices ou autres marchandises précieuses qui parvenaient en Europe. L'organisation d'une Compagnie permettait de parer quelque peu à ces inconvénients en partageant les risques entre un grand nombre d'associés et en concentrant les ressources matérielles et intellectuelles de toute une nation dans quelques mains. Cela supprimait aussi la concurrence entre marchands du même pays. Comme les marchandises les plus chères, thé, épices, soieries, n'étaient consommées que par les classes riches, le débit en était restreint. La suppression de la concurrence permettait d'éviter l'élévation des prix au lieu d'achat et leur avilissement au lieu de vente. D'après les théories économiques alors en vigueur, on s'efforçait d'empêcher la sortie des métaux précieux, considérés comme la principale richesse. On devait donc ne pas acheter aux étrangers ces produits des Indes qui coûtaient cher ; d'où la nécessité d'avoir des nationaux qui fissent ce commerce. Voilà qui peut expliquer la conception de cet organisme et qu'on ait été porté à l'imiter. Enfin, il ne faut pas oublier que le commerce et l'industrie étaient alors l'affaire de corporations enserrées dans des règlements minutieux et rigides. L'institution d'un monopole, qui nous paraît aujourd'hui si gênante, qui empêche tout progrès, qui fausse les prix, n'avait à cette époque rien que d'ordinaire. La Compagnie était une corporation commerciale, tout simplement. L'État ne pouvant lui assurer, vu l'énorme éloignement et les guerres continuelles en Europe, la protection de ses flottes, était conduit à lui inféoder les droits souverains dont il n'assurait pas par lui-même l'exercice. Obligée de se défendre contre les indigènes ou les concurrents européens, d'établir des comptoirs et d'en maintenir la sécurité, la Compagnie ne pouvait se passer du droit de paix et de guerre ni du droit de justice; ce n'était après tout que l'application des règles féodales. Mais la suzeraineté de l'État fut plus ou moins lourde et son intervention plus ou moins minutieuse, selon les institutions particulières de chaque pays. Plus le pouvoir central était fort, plus il fut porté à entrer dans les détails et à les contrôler de près. On peut penser avant toute étude qu'en France il dut en être ainsi. La forme de Compagnie privilégiée étant pour ainsi dire nécessaire, on comprend qu'un ministre tel que Colbert, voulant développer le commerce, n'ait pas pu se dispenser d'en créer. Ce fut pour lui l'objet d'une politique systématique, suivie avec une persévérance opiniâtre. Nous en verrons la preuve en étudiant dans les prochaines leçons la création de la Compagnie des Indes Orientales de 1664, qui s'est continuée par celle de Law. Son histoire à Paris, à Madagascar et aux Indes vous fera voir quelle étroite correspondance existe entre l'état des connaissances géographiques, les théories économiques, la politique générale d'une nation et le progrès de son expansion. Si, par surcroît, certains faits nous suggèrent des réflexions qui puissent trouver quelque application de nos jours, j'aurai montré par un exemple l'exactitude des considérations que j'ai formulées tout à l'heure, je veux dire l'intérêt scientifique et l'utilité présente qu'offre l'histoire coloniale.

>•<

BRIANÇON. — IMPRIMERIE JACQUES.